Segredos dos Cupons de Desconto

Autor: Eduardo Monteiro

Blog Oficial: https://www.segredosdoscupons.com

E-mail: contato@segredosdoscupons.com

Sobre o eBook

Este livro contêm informações relevantes sobre o mercado dos blogs de cupons de desconto.

Como complemento a todo o conteúdo aqui disponível, eu recomendo que você conheça o Curso Segredos dos Cupons de Desconto, o único que ensina detalhadamente como criar um blog de cupons de desconto.

Acesse diretamente o blog oficial do curso: https://www.segredosdoscupons.com

O Que é Marketing de Afiliados para Sites e Blogs de Cupons de Desconto?

Para começar este ebook, é necessário deixar algumas definições gerais que vão auxiliar no entendimento de informações futuras. Para simplificar, vou tentar deixar as descrições técnicas de lado, estas serão abordadas somente quando estritamente necessárias, o foco aqui é facilitar a transmissão da informação.

O que é e Como Funciona o Marketing de Afiliados?

Segundo a definição da Lomadee, empresa referência do mercado:

"Marketing de Afiliados é uma forma de publicidade on-line na qual o afiliado divulga produtos e serviços dos anunciantes em troca de uma comissão – que pode ser gerada por meio de cliques, por vendas e ações específicas, entre outros formatos de comissionamento."

Simplificando ainda mais e trazendo para a realidade dos blogs de cupons de desconto: basicamente uma loja virtual faz uma venda a um cliente, este economiza utilizando um cupom de desconto e o dono do blog que levou este cliente até lá recebe uma justa comissão por isto.

Quais são os envolvidos no Marketing de afiliados?

Anunciantes - Por exemplo as grandes lojas virtuais brasileiras, são elas que vendem os produtos ao consumidor final e após cada venda remuneram os afiliados.

Plataformas de Afiliação - Agem como intermediários entre os Anunciantes e os Afiliados, elas fecham contratos com as empresas, definem as restrições de cada anunciante e controlam quem poderá ser afiliado de cada um deles, o valor da remuneração e prazos para pagamentos por exemplo.

Produtor - Este aparece normalmente em caso de produtos virtuais ou infoprodutos, pode ser por exemplo um autor de um ebook ou um autor de um curso online.

Afiliado - Um pessoa física ou jurídica que uma vez afiliada a uma loja virtual ou a um infoproduto, vai divulgar em qualquer meio que disponha(blogs, sites, redes sociais e aplicativos de mensagens por exemplo) os seus links de afiliados e vai receber uma determinada remuneração em caso de venda por exemplo.

Quais são as principais plataformas de afiliação de produtos físicos e virtuais?

Existem várias, porém as maiores são Lomadee, Rakuten, Zanox, Monetizze e Hotmart.

Onde são obtidos os Cupons de Desconto?

Os cupons de desconto que são disponibilizados no sites ou blog, são normalmente cadastrados e disponibilizados pelas plataformas de afiliação.

Como os sites são Remunerados?

Todo link normal de uma loja virtual é monetizado, ou seja, ele recebe uma identificação única que permite a plataforma de afiliação saber quem foi o afiliado que disponibilizou aquele link e a cada venda, o afiliado é remunerado.

Algo interessante a ficar destacado aqui é que é mais comum existirem cupons de desconto para produtos físicos, disponibilizados por grandes lojas virtuais do que para infoprodutos, mas abordarei isto mais a fundo futuramente.

Estas são apenas definições gerais, se você já atua ou atuou neste mercado certamente conhece todas as informações aqui apresentadas, mas fique tranquilo que nos próximos capítulos iremos nos aprofundar no mundo dos cupons de desconto.

Má Notícia: O Mercado dos Cupons Está Dominado por Grandes Empresas!

Uma rápida pesquisa no Google ou Bing por termos relacionados a Cupons de Desconto, mostra que os primeiros resultados exibidos são de grandes empresas, sim infelizmente este é um fato que você vai ter que entender desde agora: O Mercado dos Cupons de Desconto Está Dominado Por Grandes Empresas.

Embora a grande maioria delas se apresente como pequenas startups, fique sabendo que elas dispõem de equipes com vários profissionais focados em determinados aspectos do negócio e o mais importante: grande orçamento oriundo normalmente de rodadas de investimento. Ou seja, investidores colocam grandes volumes de dinheiro para manter estas empresas operando.

E com este grande orçamento elas podem criar sites incríveis e cheios de funcionalidades, que resultam em muitas vendas e um faturamento gigante no fim de cada mês, pois elas podem investir grandes montantes mensalmente na compra de termos relevantes nos buscadores como o Google e o Bing por exemplo.

Só que faturamento é diferente de lucro e esta é a grande dificuldade enfrentada por muitas destas empresas.

Uma grande infraestrutura com várias pessoas, servidores caros e grande investimento em marketing demandará um grande número de vendas para que se tenha finalmente lucro, que é o objetivo final para todos.

E como concorrer com estas grandes empresas e ainda conseguir ganhar dinheiro com boas comissões vendendo produtos das maiores lojas virtuais brasileiras?

Você Já Fez Alguma Compra Usando Cupons de Desconto?

Não? Então saiba que deixou de economizar, ou seja, você pagou mais caro por um produto que poderia ter pagado menos.

Sabe por que ainda existem pessoas que não costumam usar cupons de desconto? Por que elas não sabem que isto é possível e muito menos onde encontrar cupons de realmente funcionem.

Faça este teste: pergunte a algum conhecido seu, pode até ser um familiar, se alguma vez na vida ele já fez uma compra online usando um cupom de desconto e surpreenda-se com a quantidade de pessoas que ainda não fazem a mínima ideia de que poderiam pagar menos pelos mesmos produtos.

Isto mostra como ainda existe potencial de clientes para este mercado e mesmo com o aumento na quantidade de grandes empresas atuando neste setor, fique tranquilo que a demanda tende a crescer a muito nos próximos meses e anos.

Já utilizou? Então você é certamente daqueles que antes de fechar uma compra online, sempre dá uma conferida se existe um cupom disponível, fazendo uma pesquisa nos buscadores ou mesmo acessando um site de cupons que você já conhece e que possa te ajudar a economizar. Saiba que este tipo de potencial cliente já existe em grande número.

Para facilitar o entendimento, é possível dividir os potenciais clientes em dois grandes grupos, os potenciais clientes motivados e os não motivados e tornar cada um deles em clientes demanda abordagens diferentes.

O Que São Potenciais Clientes Motivados?

É o cliente que está fechando um compra e precisa de um cupom de desconto válido e funcionando para obter um redução no preço final e efetivar a aquisição.

Este tipo de cliente, que é tratado por muitos como cliente motivado é o cliente que a maioria das empresas está atrás.

O grande problema é que como todos estão interessados nele, então automaticamente a concorrência pela obtenção dele será alta e a má notícia é que os custos envolvidos chegaram as patamares muito elevados.

Para obter este tipo de cliente existem dois caminhos: o Orgânico ou o Pago.

Para resumir o modo orgânico de obtenção, este cliente motivado usa no buscador termos como por exemplo "Cupom de Desconto Netshoes" e encontra uma postagem do seu blog ou site, entra na postagem, verifica que existe o cupom que se adequa ao produto que ele quer comprar, efetua a compra e você ganha a comissão.

Este é o tipo de cenário ideal para um blog de cupom de desconto pequeno, pois o custo de aquisição deste cliente é zero, o problema está em posicionar bem suas postagens nos buscadores especialmente para termos relacionados as maiores lojas virtuais brasileiras, isto pode ocorrer mas atualmente é bem difícil.

A alternativa então é aquisição de cliente paga, onde você compra um termo no Google Ads ou Bing Ads por exemplo, o cliente encontra seu anúncio por estar buscando um termos relacionado, entra em seu site, acha o cupom que procurava, faz a compra e você ganha a comissão.

Existe uma grande concorrência na compra de termos e está cada vez mais caro a compra dos melhores termos, o que implica em um grande custo envolvido para conseguir um venda efetivamente feita, pois nem todo cliente que clicar naquele anúncio vai de fato efetivar a compra.

Isto sem falar nos termos e condições dos grandes anunciantes, a grande maioria deles proíbe por exemplo a compra de termos que envolvam o domínio ou mesmo nome da marca, o que torna a tarefa de comprar termos ainda mais complicada, pois exige outro tipo de abordagem.

Bons resultados de Potenciais Clientes Não Motivados: Como Consegui-los?

Pode parecer que os potenciais clientes motivados sejam aqueles que você deve focar suas atenções, mas na verdade os não motivados são os que apresentam uma maior taxa de retorno. E sabe por quê? Por que o custo de aquisição deste cliente normalmente é baixo, porém por outro lado ele é o tipo que demora mais tempo para ser convencido.

A boa notícia é que existem técnicas específicas para lidar com este tipo de potencial cliente.

Ele pode estar por exemplo buscando ainda por modelos de Smartphones e não por um cupom de desconto para um modelo alvo e isto pode ocorrer também por que ele nunca soube da possibilidade de usar um cupom de desconto e como isto pode ajudar a economizar de verdade.

E sabe o que ocorre se ele cair em uma postagem que mostre para eles vários preços e modelos de smartphones com cupons de descontos que permitam que as ofertas sejam ainda melhores?

Ele não vai mais precisar ficar vasculhando a internet por modelos de smartphones em ofertas e depois ainda buscar por cupons, você já está fornecendo tudo isto em um local só para ele.

A chance dele efetivar uma compra é alta, pois você está apresentando a resolução de um problema para ele e não só o anúncio de um produto.

Este é um exemplo de como tornar um cliente que não estava motivado, ele estava somente pesquisando possíveis opções de smartphones, em um cliente de fato, que efetua a compra graças a sua ajuda.

Algo muito importante no mundos dos cupons de desconto é entender exatamente o que os visitantes do seu blog querem e com base nisto oferecer exatamente o que cada um deles precisa.

O Que Os Clientes Dos Sites de Cupons de Desconto Realmente Querem?

Você precisa entender definitivamente o que os clientes que procuram sites ou blogs de cupons de desconto querem, somente com base nisto será possível atender as expectativas geradas e como consequência efetuar boas vendas.

Ele quer um Cupom de Desconto quando entra em seu blog ou site de cupons?

Permita que rapidamente obtenha esta cupom e possa finalizar a compra que deseja sem grandes dificuldades.

É isto que o cliente quer, o tamanho da empresa, a quantidade de funcionários envolvidos neste processo ou a complexidade do site ou blog que vai permitir que consiga este desconto não importa para ele.

Se conseguir exatamente o que precisa, não tem importância nenhuma para o comprador por exemplo o nível de complexidade da plataforma do site ou blog que disponibilizou este cupom de desconto.

Ele vai comprar de fato o produto da loja oficial do anunciante, é lá que vai por exemplo colocar os dados pessoais, porém antes disto o consumidor só precisa de um desconto a mais e neste momento que um blog de cupons exerce papel fundamental.

Então quer dizer que o o certo é só disponibilizar cupons de desconto e nada mais?

Não, e isto é justificado pelo comportamento do usuário.

Quantas vezes em meus blogs um cliente clicou por exemplo no cupom de desconto da categoria eletrônicos e depois efetuou uma compra de um eletrodoméstico que aquele cupom nem era válido, isto ocorre rotineiramente.

Isto ocorre porque todo mundo tem uma lista de desejos de compras, ou seja, de produtos que pretende comprar no futuro, mas que ainda não comprou por vários motivos.

Porém se ele encontrar uma excelente oferta daquele produto que ele pretende comprar futuramente, pode sim fazer a compra de um produto diferente daquele que estava originalmente buscando, ou mesmo comprar vários juntos.

Um cliente que compra vários produtos juntos é aquele que vai te gerar as melhores comissões e normalmente o seu trabalho foi só disponibilizar algum cupom ou oferta que o levou até a loja virtual.

Um Blog de Cupons de Desconto Vive de Vendas!

Pode parecer um paradoxo, porém nem só de cupons vivem os sites especializados, o que realmente mantêm estes são as vendas, independente da maneira que elas são efetuadas.

O Cliente pode usar um cupom disponibilizado por um blog de cupons na hora da efetivação da aquisição ou não, isto ocorre muito pois consumidores comumente compram produtos diferentes daqueles que estavam inicialmente buscando e em vários casos o produto efetivamente comprado pode não ter um cupom compatível ativo.

Mas uma vez o potencial consumidor já estando na loja virtual do anunciante, o papel do dono do blog de cupons já foi feito.

Como assim?

Mesmo que não exista um cupom de desconto ativo ou que possa ser aplicado a um determinado produto que está interessado, ele por ter acessado um link monetizado, que identifica quem o levou até a loja virtual do anunciante, pode efetuar uma compra e a comissão será gerada da mesma maneira que se o comprador tivesse utilizado um cupom.

Isto sem contar as ofertas, quem nunca se deparou com uma excelente promoção e efetuou uma compra não planejada? Todo mundo já passou por isto.

Algo deve ser entendido: quem deve efetuar a venda é a loja virtual do anunciante e fique tranquilo que eles fazem isto muito bem, você só precisa ajudar um potencial consumidor no caminho entre a busca nos mecanismos de pesquisas, por exemplo, até a loja.

E quais são as técnicas focadas para vendas sem necessariamente disponibilizar cupons?

Fazer uma postagem contendo as melhores ofertas de um determinado nicho são uma boa alternativa para efetivação de vendas nos casos onde não existem cupons de desconto disponíveis.

Quem nunca parou para ler uma lista com as dez melhores ofertas ou produtos de um determinado segmento? Isto mostra que este formato chama atenção e funciona.

Mas além de produtos físicos existem os chamados Infoprodutos, que geram excelentes comissões e boa parte destes também não oferecem cupons de desconto.

O que São Infoprodutos?

"Os infoprodutos provêm informações para educar, resolver um problema ou facilitar, de alguma forma, a sua vida com relação a algum assunto".

Esta definição feita pela Hotmart, empresa líder do mercado de infoprodutos ilustra bem o potencial de venda deste tipo de produto.

Os infoprodutos servem basicamente para auxiliar na resolução de problemas, ou seja, eu tenho uma dificuldade, pode ser em alavancar minhas vendas por exemplo e compro um Ebook ou Curso que me ajude neste aspecto.

Um bom infoproduto não somente fornece boas informações, mas sim tem potencial de mudar vidas.

Imagine uma pessoa que nunca pensou que poderia por exemplo ganhar dinheiro com a Internet e um infoproduto simplesmente explica passo a passo como isto é possível e como ela pode fazer também.

O impacto provável na vida dela é muito grande, pois agora ela tem toda uma nova perspectiva que provavelmente nunca teria.

Quantos casos de empreendedores que conseguiram resultados incríveis com base no que aprenderam com infoprodutos? São muitos e aumentam a cada dia.

Outro ponto interessante dos infoprodutos é que os produtores, ou seja, os criadores deste tipo de produto, normalmente costumam recorrer a afiliados para alavancar suas vendas e em troca pagam boas comissões.

Comissões estas que costumam ter percentuais superiores as pagas pelos anunciantes de produtos físicos, isto se explica é claro pela margem de lucro normalmente maior de um produto digital.

Um grande problema é que poucos produtores costumam disponibilizar cupons de desconto para seus produtos, porém por outro lado é comum a disponibilização de boas ofertas diretamente aos clientes.

Uma das principais técnicas de vendas de infoprodutos para blogs de cupons de desconto é focar na captura de leads e deixar todo o processo de vendas para o produtor, ganhando futuramente as respectivas comissões dos clientes gerados.

Mas O Que é Lead?

Segundo a definição da Rocket Content:

"Lead, em Marketing Digital, é um potencial consumidor de uma marca que demonstrou interesse em consumir o seu produto ou serviço."

No ramo de cupons de desconto, Leads são pessoas que cadastraram seus e-mails pois tem interesse em receber ofertas e cupons de desconto.

É um potencial cliente que já demonstrou interesse pelo conteúdo do seu blog de cupons e que pode no futuro efetuar uma compra usando um cupom de desconto ou oferta disponibilizado por você.

Para efetuar uma venda a um lead, só basta enviar uma oferta ou cupom de um produto que ele esteja interessado.

Você não precisa mais procurar por este cliente nos mecanismos de buscas por exemplo, ele já está muito mais acessível e receptivo as suas abordagens. É muito mais fácil fazer uma venda a uma pessoa que já demonstrou interesse.

A técnica básica consiste em ter um formulário de captação de e-mails e periodicamente enviar um e-mail com os melhores cupons e ofertas disponíveis, embora pareça simples, é muito eficiente e gera boas vendas.

Mas as Pessoas Atualmente Abrem E-mails?

Muitas realmente acreditam que ninguém mais abre e-mails, o que é um grande erro, os internautas abrem sim e-mails que sejam relevantes para eles.

O que ninguém gosta é de mensagens indesejadas, o chamado SPAM, derivado de listas compradas, nunca sob hipótese alguma compre lista de e-mails!

Construa sua lista do zero, somente com pessoas que voluntariamente optaram por receber ofertas e cupons e tenha certeza que você terá em mãos uma ferramenta extremamente relevante para a efetivação de vendas.

Uma boa lista de e-mails é um grande triunfo contra a concorrência.

A Verdade Sobre Concorrência!

A definição mais aceita de concorrência é:

"disputa entre uma ou mais empresas por participação no número de vendas em um determinado segmento".

A livre concorrência está configurada no artigo 170, inciso IV, da Constituição Federal de 1988, como um dos princípios da ordem econômica e tem como objetivo garantir a existência de um mercado competitivo e equilibrado.

Monopólio é algo sempre muito ruim e concorrência desde que leal é sempre boa, faz bem aos consumidores, que ganham mais opções para a aquisição de determinados produtos ou serviços e para as empresas, que acabam sendo incentivadas à melhoria contínua.

Para o empreendedor é importante lembrar que quanto maior o potencial de ganhos, maior o número de possíveis concorrentes.

Nos últimos anos as maiores lojas virtuais brasileiras estão aumentando o número de cupons disponibilizados, o que está resultando em um crescimento do uso destes cupons pelos clientes.

Eu acredito firmemente que estamos prestes a ter uma massificação no uso de cupons de desconto no Brasil e esta é a oportunidade ideal para você também iniciar neste ramo e aproveitar estes crescimento natural nas buscas por cupons.

Também tenho a opinião de que quanto mais pessoas ingressarem no ramo de cupons melhor, pois cada um destes empreendedores irá aumentar o número de potenciais clientes atingidos, e não somente aumentar a concorrência pelos mesmos clientes, como pode parecer a principio

Muitos internautas brasileiros nunca fizeram compras online e muito menos usaram cupons de desconto, mas esta realidade está mudando e rápido.

Quanto mais pessoas procurando por cupons melhor, pois são mais potenciais clientes disponíveis.

Considerações Finais

Com todo o conteúdo aqui disponibilizado você já pode conhecer sobre o mundo dos cupons de desconto e como este segmento funciona.

Se você quiser se aprofundar no assunto e deseja ingressar no mercado dos cupons, eu sou criador, autor e tutor do único curso que trata sobre o mercado dos cupons de desconto.

Nele você vai poder aprender passo a passo, com um método EAD detalhado, como criar um Blog de Cupons de Desconto e as técnicas necessárias para começar da maneira correta.

Caso você tenha interesse acesse o blog oficial do curso:
https://www.segredosdoscupons.com

www.ingramcontent.com/pod-product-compliance
Lightning Source LLC
Chambersburg PA
CBHW031510210526
45463CB00008B/3169